Desgaste y erosión

Torrey Maloof

Asesoras

Sally Creel, Ed.D.
Asesora de currículo

Leann Iacuone, M.A.T., NBCT, ATC
Riverside Unified School District

Créditos de imágenes: pág.23 (superior) Morley
Read/Alamy; pág.32 iStock; pág.20 (izquierda y derecha)
Charles D. Winters/Science Source; pág.24 (izquierda)
Georg Gerster/Science Source; pág.12 (superior) Louise
Murray/Science Source; págs.28–29 (ilustraciones)
J.J. Rudisill; todas las demás imágenes cortesía de
Shutterstock.

Teacher Created Materials

5301 Oceanus Drive
Huntington Beach, CA 92649-1030
http://www.tcmpub.com

ISBN 978-1-4258-4671-8

Contenido

La Tierra en constante cambio

La forma y la apariencia de la superficie de la Tierra cambian con el paso del tiempo. Jamás dejan de cambiar. Los ríos cambian su curso. Las costas desaparecen. Los **valles** se profundizan. Los **cañones** se ensanchan. Las montañas se derrumban.

Estos cambios pueden ser ocasionados por el viento. O bien por los cursos de agua. El hielo también puede provocar estos cambios. Al igual que los rayos del sol. Incluso las personas pueden ocasionar estos cambios. La superficie de la Tierra ha cambiado mucho con el paso de los años, ¡y sigue cambiando!

Monument Valley en Colorado

acantilados Seven Sisters en Inglaterra

Viento, agua y más

Imagina una feroz tormenta. La lluvia cae. Los vientos soplan sin control. ¿Qué crees que el viento y la lluvia le hacen a la superficie de la Tierra? ¡La cambian! El viento puede aflojar pequeños trozos de polvo y suelo. Gota a gota, la lluvia puede desgastar una montaña. Este proceso se denomina **desgaste**.

tormenta de nieve

lluvia

Un tornado es una nube giratoria con vientos que alcanzan hasta las 300 millas por hora.

tormenta tropical

Con el tiempo, el viento y la lluvia desgastan la superficie de la Tierra. La rompen en trozos pequeños. Estos trozos se llaman **sedimentos**. El viento y el agua mueven los sedimentos. Los desplazan. Este movimiento es un proceso conocido como **erosión**. El desgaste y la erosión pueden ocurrir al mismo tiempo. Funcionan en conjunto para cambiar la superficie de la Tierra.

El desgaste y la erosión cambian las laderas de esta montaña.

Rocas pequeñas, como estas, son arrastradas con facilidad por este río.

Aguas salvajes

Los sedimentos pueden ser desplazados a ríos y arroyos. Se mueven con el agua en su viaje hacia el océano. Esculpen las colinas. Cortan las montañas. Así se forman los valles.

También así se forman los cañones. El Gran Cañón se formó de esta manera. El Gran Cañón es inmenso. Mide 446 kilómetros (277 millas) de largo. Y tiene 2.6 kilómetros (1.6 millas) de profundidad. Un río esculpió este enorme cañón. Fue un trabajo de millones de años.

¿Dónde está?

El río Colorado atraviesa el Gran Cañón. Pero el cañón está en Arizona.

Río Colorado

Parque Nacional Gran Cañón

ARIZONA

Esta roca se rompió a medida que el hielo se congeló entre sus grietas.

Hielo helado

Algunas veces, el agua se convierte en hielo. Eso también puede causar desgaste. El agua puede circular entre las grietas de las rocas. Si el aire es lo suficientemente frío, el agua se congelará. Se convertirá en hielo y se expandirá, o se hará más grande. Cuando esto sucede, el hielo ensancha las grietas. Hasta puede romper las rocas.

Luego, si el aire se pone más cálido, el hielo se derretirá. Volverá a ser agua. Cuando eso sucede, comienza la erosión. El agua arrastra pequeños trozos de roca.

Cuando el hielo se derrite, el agua arrastra los trozos de roca partidos.

Un glaciar es una masa de hielo y nieve muy grande. Se desplaza lentamente hacia abajo por una pendiente. Al hacerlo, corta las rocas cercanas. Con el tiempo, el glaciar se derrite. El agua esculpe grandes valles.

Uno de estos valles se llama *valle de Yosemite*. Hace mucho tiempo, había glaciares en Yosemite. Estos glaciares ayudaron a formar un hermoso lugar para visitar.

Soleada California

Es difícil imaginar a la soleada California cubierta de hielo. Pero así era hace millones de años.

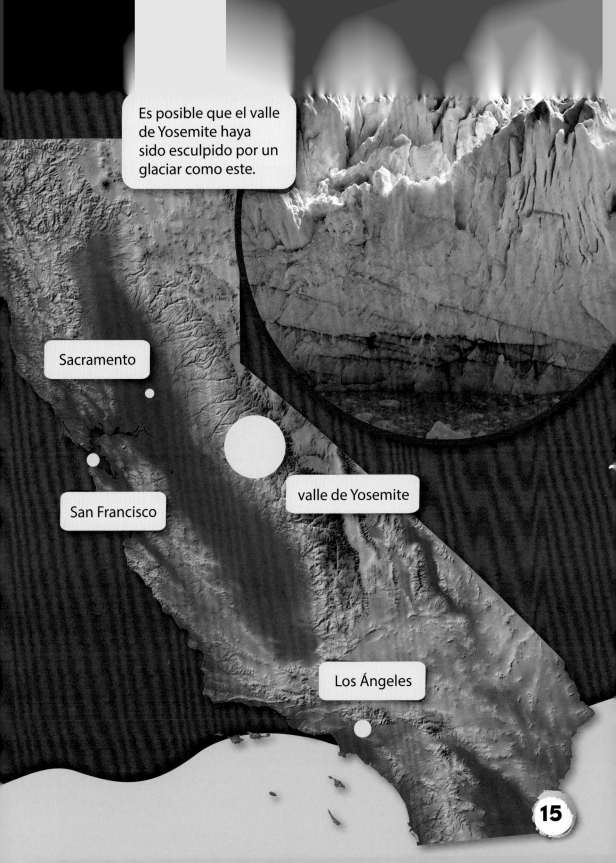

Sol abrasador

El sol también puede cambiar la superficie de la Tierra. El sol calienta las rocas. El calor hace que las rocas se expandan. Luego, cuando el aire se enfría, las rocas se contraen. Se encogen.

Cuando esto sucede una y otra vez, las rocas se debilitan mucho. Después de un tiempo, comienzan a agrietarse. Finalmente se rompen en trozos pequeños. Luego, comienza el proceso de erosión, que se lleva consigo los trozos de roca.

El calor del sol produce grandes grietas en algunas rocas.

Hace muchos años, el agua arrastró trozos de roca que ayudaron a formar este cañón.

Plantas y animales

Las plantas y los animales también causan el desgaste. Algunas veces, el suelo se acumula en las grietas de las rocas. Es posible que una semilla llegue a ese suelo. ¡Luego, una planta crecerá en medio de la roca! A medida que crece, las raíces de la planta agrietan la roca y la rompen.

Los animales también pueden romper las rocas. Algunos viven debajo de la tierra. Separan las rocas cuando se mueven por la tierra. Otros, rompen las rocas por encima del nivel del suelo. Las rompen cuando corren o caminan sobre ellas.

Esta planta romperá lentamente las rocas a medida que crezca.

Las marmotas hacen sus madrigueras debajo de la tierra. Pueden mover hasta 700 libras de tierra cuando cavan una madriguera.

Sustancias químicas agresivas

Las **sustancias químicas** también desgastan la superficie de la Tierra. Hay gases, como el oxígeno, en el aire y el suelo. Nuevas sustancias químicas pueden formarse cuando estos gases se mezclan con agua.

El ácido es uno de estas sustancias químicas. Puede disolver las rocas. Significa que las rocas se vuelven líquidas. La piedra caliza es un tipo de roca que el ácido puede disolver con rapidez. También puede hacer grandes grietas en las rocas. ¡Hasta puede formar cuevas y **sumideros**!

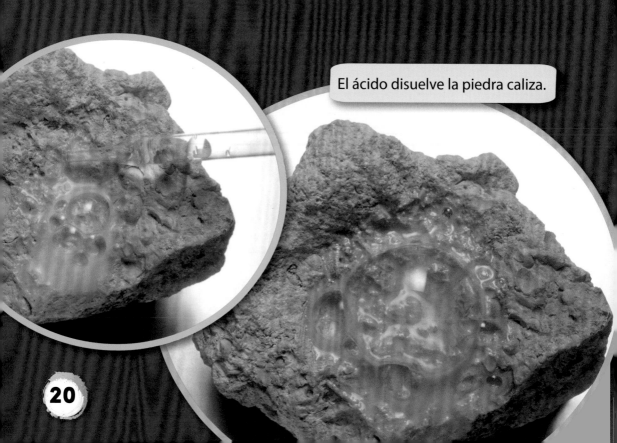

El ácido disuelve la piedra caliza.

Cuevas sorprendentes

Hay más de 110 cuevas en Carlsbad Caverns. Estas cuevas se encuentran en Nuevo México. Puedes caminar a través de ellas.

Las fábricas contaminan el aire.

El papel de las personas

Las personas no causan desgaste. ¡Pero sí lo aceleran! Una de las formas en la que lo hacen es al **contaminar** el aire. Los automóviles liberan gases peligrosos. Las fábricas también. Estos gases provocan la **lluvia ácida**. La lluvia ácida desgasta la superficie de la Tierra.

Aludes

Cuando se remueven plantas y árboles, las rocas y el suelo pueden deslizarse repentinamente por las colinas. Esto se denomina un *alud*.

Las personas también aceleran la erosión. Una de las formas en la que lo hacen es talando los bosques. Las raíces de los árboles ayudan a fijar el suelo en su sitio. Cuando los árboles son talados, el suelo es arrastrado por el agua y el viento con más rapidez.

Las personas también pueden detener la erosión.
Esto se conoce como *control de la erosión*. Una de las
formas en las que se hace es construyendo estructuras que
mantienen el suelo y las rocas en su lugar. Los **gaviones**
se hacen con alambre. Están llenos de rocas. Se pueden
usar para mantener el suelo en su sitio.

Otra forma de prevenir la erosión es plantar árboles
y plantas a lo largo de las costas. Las raíces de estas
plantas ayudan a mantener el suelo en su sitio. También
ayudan a proteger la costa de grandes olas y tormentas.

Estos campos fueron sembrados
de manera tal que el suelo
permanece en su sitio y se forman
patrones interesantes.

Las raíces de esta planta ayudarán a que el suelo permanezca en su sitio.

Estos gaviones ayudan a que el suelo permanezca en su sitio.

Ver para creer

Pueden ser los vientos o las aguas. Pueden ser el hielo o el sol. Incluso pueden ser las sustancias químicas o las plantas. No importa cuáles sean, ¡estas fuerzas crean paisajes maravillosos! El desgaste y la erosión han creado algunos de los mejores escenarios del mundo. Hay cuevas que asustan. Hay cascadas maravillosas. Puedes ver acantilados impresionantes. O puedes atravesar arcos increíbles. Pero, ¡apresúrate! Estos lugares no estarán allí para siempre.

A lo largo del tiempo, el agua erosionó el acantilado para formar este arco.

Esta cascada erosiona la tierra que la rodea.

27

¡Hagamos ciencia!

¿Qué sucede cuando la tierra se erosiona?

¡Obsérvalo por ti mismo!

Qué conseguir

- agua
- cartón
- lápiz con punta
- pajilla para beber (cortada por la mitad)
- plastilina
- tierra
- vaso de poliestireno

Qué hacer

1 Usa el lápiz para hacer un orificio en un lado del vaso, cerca de la base. Coloca la pajilla en el orificio. Usa arcilla para sellar el orificio.

2 Coloca el cartón en el suelo. Eleva un extremo del cartón colocando tierra debajo de ese extremo. Cubre el cartón con una capa delgada de tierra.

3 Coloca tu dedo sobre el extremo de la pajilla y llena el vaso con agua.

4 Sostén el vaso sobre el extremo elevado del cartón. Luego, retira el dedo del orificio. ¿Qué le pasó a la tierra?

cañones: áreas planas rodeadas por montañas y lados empinados

contaminar: hacer que algo se ensucie y sea poco seguro

desgaste: la desintegración lenta de las rocas y los sedimentos

erosión: el movimiento de rocas desgastadas y sedimento

gaviones: estructuras de alambre llenas de tierra y rocas

lluvia ácida: lluvia que contiene sustancias químicas peligrosas causadas por el humo de las fábricas, las plantas de energía y los automóviles

sedimentos: pedazos muy pequeños de roca, como arena, grava y polvo

sumideros: huecos en el suelo que se forman cuando el paso del agua mueve la tierra y las rocas

sustancias químicas: sustancias derivadas de procesos químicos

valles: áreas de tierra baja entre colinas y montañas

Índice

A cazar

Los efectos del desgaste y la erosión se pueden ver en muchos lugares. Tal vez veas grietas en las rocas y hasta valles tallados por el agua. Emprende una búsqueda de erosión y desgaste en el patio de juegos. Busca las señales de los cambios que el viento, el agua, las plantas o los animales hayan hecho en el suelo.